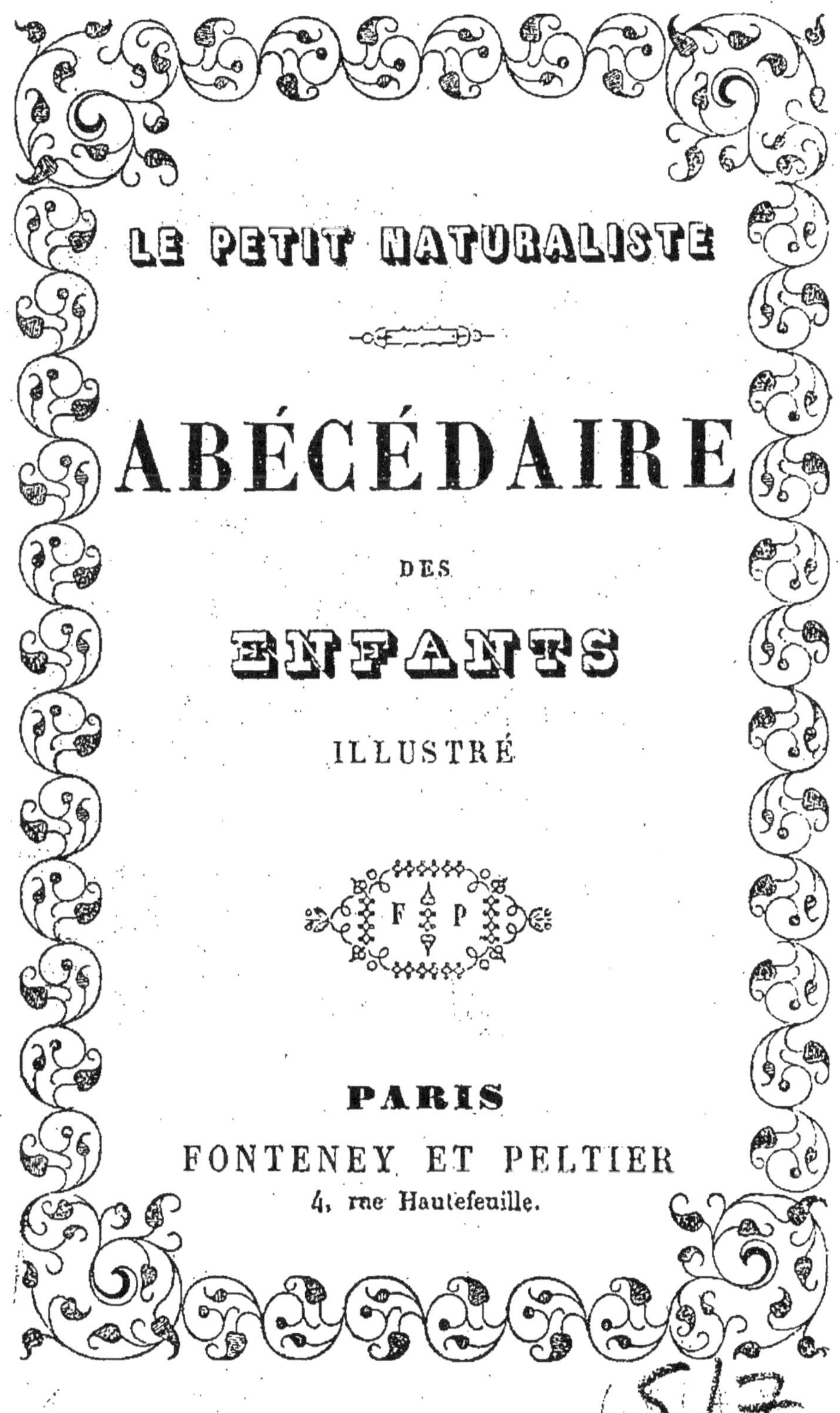

LE PETIT NATURALISTE

ABÉCÉDAIRE

DES

ENFANTS

ILLUSTRÉ

F P

PARIS
FONTENEY ET PELTIER
4, rue Hautefeuille.

Saint-Denis. — Typographie de Prevot et Drouard.

LE PETIT NATURALISTE

ABÉCÉDAIRE

DES

ENFANTS

ILLUSTRÉ

F P

PARIS

FONTENEY ET PELTIER

4, rue Hautefeuille.

1851

A B C D

E F G H

I J K L M

N O P Q

R S T U

V X Y Z

a b c d e

f g h i j

k l m n o

p q r s t

u v x y z

a b c d e

f g h i j

k l m n o

p q r s t

u v x y z

ba	be	bi	bo	bu
ca	ce	ci	co	cu
da	de	di	do	du
fa	fe	fi	fo	fu
ga	ge	gi	go	gu
ha	he	hi	ho	hu
ja	je	ji	jo	ju
ka	ke	ki	ko	ku
la	le	li	lo	lu

ma me mi mo mu

na ne ni no nu

pa pe pi po pu

qua que qui quo qu

ra re ri ro ru

sa se si so su

ta te ti to tu

va ve vi vo vu

xa xe xi xo xu

za ze zi zo zu

VOYELLES.

a	**e**	**i**	**o**	**u**	**y**
«	**é**	«	«	«	»
à	**è**	«	«	«	»
â	**ê**	**î**	**ô**	**û**	»

CHIFFRES ARABES.

1	**2**	**3**	**4**	**5**
6	**7**	**8**	**9**	**0**

CHIFFRES ROMAINS.

I	**II**	**III**	**IV**	**V**
VI	**VII**	**VIII**	**IX**	**X**

le, la, les, mon, ma, mes, ton, ta, tes, son, sa, ses, un, une, notre, votre, nous, vous, moi, toi, nos, vos, lui, leur, ce, cet, ces, je, tu, il, elle, eux, plus, bien, très, fort.

Pa pa, ma man.

Mon frè re, ma sœur.

Ma tin, bon jour.

Dî ner, bon soir.

Cou cher, dor mir.

É pi de blé.

Oi seau jo li.

Mé dor, a mi.

Mai son blan che.

Châ teau beau.

Jou jou, ca deau.

Bon bon su cré.

Mou ton gen til.

Pro me na de, plai sir.

Jar din fleu ri.

I ma ge jo lie.

La mer pro fon de.

Le vent du nord.

L'a mour de Dieu.

Le bon se cours.

La pluie bat tan te.

La cha leur dou ce.

Le froid ri gou reux.

La sai son nou vel le.

Le ciel très pur.

L'é clat du jour.

Le ri che bon.

Le chant du ros si gnol.

Le pau vre hon teux.

Cou ra ge, es poir.

Le ti gre fé ro ce.

Le li on gé né reux.

Le chien fi dè le.

Le tau reau ro bus te.

Le che val u ti le.

Mou che im por tu ne.

La sou ris nui si ble.

Le chat mé chant.

L'â ne pa res seux.

La fourmi di li gente.

L'é toi le bril lan te.

La lune ar gen tée.

So leil res plen dis sant.

L'o ra ge af freux.

Le ton ner re gron dant.

Mois sons dé trui tes.

Es poir en Dieu.

Le la bou reur dé so lé.

Le ciel pro pi ce.

L'a gneau qui bê le.

Le se rin qui chan te.

Le mar chand qui crie.

Le voy a geur mar che.

L'é tran ger ar ri vant.

Le pa pil lon qui vo le.

Le ver qui ram pe.

Le chat qui é gra ti gne.

Le li on qui ru git.

Le vent qui sif fle.

Dans la semaine il y a sept jours : lundi, mardi, mercredi, jeudi, vendredi, samedi, dimanche.

Dans l'année il y a douze mois : janvier, février, mars, avril, mai, juin, juillet, août, septembre, octobre, novembre, décembre.

Un, deux, trois, quatre, cinq, six, sept, huit, neuf, dix, onze, douze, treize, quatorze, quinze, seize.

L'autruche est un oiseau d'Afrique et d'une partie de

l'Asie. C'est le plus grand des oiseaux. L'autruche vole difficilement à cause de sa grandeur même, de son poids très-lourd, et de la conformation de ses ailes. Aussi est-elle attachée à la terre et condamnée à parcourir laborieusement sa surface comme les quadrupèdes. Les œufs de l'autruche sont très-durs, très-pesants, et très-gros. Les autruches courent excessivement vite, et ont une très-grande force.

Le bélier porte deux cornes sur la tête. Faible et timide,

ces cornes sont pour lui de bien faibles armes. Le bélier n'est pas beaucoup plus courageux que la brebis et le mouton. C'est par crainte que ces animaux se rassemblent si souvent en troupeaux. Le moindre bruit extraordinaire suffit pour qu'ils fuient, se précipitent et se serrent les uns contre les autres, restant sans aucune intelligence à la place où ils se trouvent, exposés à la chaleur, à la pluie, à la neige.

Le chameau paraît être originaire d'Arabic. Le chameau

est le plus sobre des animaux, et peut passer plusieurs jours sans boire. Habitant un pays sec et sablonneux, il a les pieds faits pour marcher dans le sable. Les Arabes regardent le chameau comme un présent du ciel, un animal sacré sans le secours duquel ils ne pourraient ni subsister, ni commercer, ni voyager.

Le daim, qu'on élève dans les parcs, est à demi domestique, et un animal des climats tempérés. Il s'apprivoise très-aisément. Il est d'une nature moins robuste et moins agreste que celle du cerf. Les daims aiment les terrains élevés et entrecoupés de petites collines. Ils ne s'éloignent pas comme le cerf quand on les chasse, ils ne font que tourner et cherchent seulement à se dérober aux poursuites des chiens par le change et par la ruse.

L'éléphant est, après l'homme, l'être le plus considérable

de ce monde; il surpasse tous les animaux terrestres en grandeur, et son intelligence est extraordinaire. Aux avantages que possèdent les autres animaux, l'éléphant joint ceux qui lui sont particuliers : la force, la taille, la longue durée de la vie. Il ne faut pas oublier ses armes et ses défenses, avec lesquelles il peut percer et vaincre le lion.

On trouve communément des faisans dans les différentes

parties de l'Europe. Le faisan est de la grosseur du coq ordinaire, et peut en quelque sorte le disputer au paon pour la beauté. Il a le port aussi noble, la démarche aussi fière, et le plumage presque aussi distingué; mais il n'a pas, comme le paon, la faculté d'étaler et de relever les longues plumes de sa queue. Il n'a pas non plus son aigrette.

La girafe est un des pre-
miers, des plus beaux, des

plus grands animaux. Sa démarche est vacillante; ses mouvements sont lents et contraints; elle ne peut ni fuir ses ennemis dans l'état de liberté, ni servir ses maîtres dans l'état de domesticité. L'espècc est confinée dans les déserts de l'Ethiopie. C'est un animal si doux qu'on peut le conduire partout où l'on veut avec une petite corde passée autour de la tête.

L'hippopotame a la peau très-épaisse, très-dure, elle est

impénétrable. L'hippopotame a la gueule très-grande, son corps est plus long et aussi gros que celui du rhinocéros. Les habitants de l'Egypte l'appellent cheval de mer. Avec sa force prodigieuse, ses puissantes armes, l'hippopotame peut se rendre redoutable à tous les animaux. Il nage plus vite qu'il ne court. Il chasse le poisson, en fait sa proie, et se plaît dans l'eau.

L'indri est un animal doux et intelligent; lorsqu'on le prend jeune, il est susceptible d'éducation, et même au point que les habitants de Madagascar viennent à bout de le dresser pour la chasse. Si ce fait est bien constaté, il en est peu qui montrent aussi bien qu'elle est la puissance de l'homme pour modifier le naturel des êtres que son intelligence lui soumet. Le cri de l'indri ressemble à la voix d'un enfant qui pleure.

Le jaguar, quoique formidable et cruel, est moins fier

et moins féroce que le léopard et la panthère; il a le fond du poil d'un beau fauve. Le jaguar vit de proie comme le tigre. Il n'est léger, agile, alerte, que quand la faim le presse. Le jaguar se trouve au Brésil, au Paraguay, à la Guiane et dans toutes les contrées méridionales de l'Amérique.

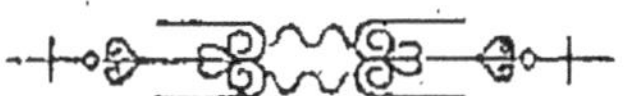

Les plus grands perroquets de l'ancien continent sont les

kakatoès; ils en sont tous originaires. Leur nom vient de la ressemblance de ce mot à leur cri. On les distingue aisément des autres perroquets, par leur plumage blanc, par leur bec plus crochu et plus arrondi, et particulièrement par une huppe de longues plumes, dont leur tête est ornée, et qu'ils élèvent et abaissent à volonté. Les kakatoès écoutent, entendent et obéissent mieux que les autres perroquets.

Le loup ressemble au chien, il paraît modelé sur la même

forme; mais si la forme est semblable, les caractères sont bien opposés. Le naturel est si différent, qu'ils sont ennemis par instinct. Le loup, pris jeune, s'apprivoise, mais ne s'attache point. La nature est plus forte que l'éducation, il reprend, avec l'âge, son caractère féroce, et retourne, dès qu'il le peut, à son état sauvage.

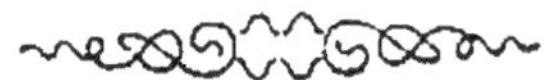

La martre est originaire du Nord, elle fuit les pays habités

3.

et les lieux découverts. Elle demeure au fond des forêts. Elle vit de chasse, détruit une quantité considérable d'oiseaux, dont elle cherche les nids pour en sucer les œufs. Elle prend les écureuils, les mulots. Elle est un peu plus grosse que la fouine. On fait des fourrures avec sa peau.

Le nanguer, espèce de gazelle, est de la forme et de la

couleur du chevreuil, fauve sur les parties supérieures du corps, blanc sous le ventre avec une tache de cette même couleur sous le cou. Ses cornes sont permanentes comme celles des autres gazelles. Les nanguers sont de jolis animaux, faciles à apprivoiser.

L'ours est non-seulement sauvage, mais solitaire. Il fuit

par instinct toute société; il s'éloigne des lieux où les hommes ont accès. La voix de l'ours est un grondement, un gros murmure. Il est très-susceptible de colère. Quoiqu'il paraisse doux et même obéissant pour son maître, il faut toujours s'en défier. On lui apprend à se tenir debout, à gesticuler, à danser.

Le paon est, pour la beauté, le roi des oiseaux; il n'en est point sur qui la nature ait versé ses trésors avec plus de profusion. Une aigrette mobile et légère, peinte des plus riches couleurs, orne sa tête et s'élève sans la charger. Son incomparable plumage semble réunir tout ce qui flatte nos yeux, dans le coloris tendre et frais des plus belles fleurs; tout ce qui les éblouit et les étonne.

Le quadricolor est un bel oiseau, peint de quatre couleurs

vives également éclatantes, ayant la tête et le cou bleus; le dos, les ailes, et le bout de la queue verts; une large bande rouge en forme de sangle sous le ventre, et sur le milieu de la queue; et enfin le reste de la poitrine et du ventre, d'un brun clair ou couleur de noisette.

Le rhinocéros est après l'é-
léphant le plus puissant des

animaux quadrupèdes. Cependant il ne leur est guère supérieur que par la force, la grandeur, et l'arme offensive qu'il porte sur le nez. Cette arme est une corne très-dure, solide dans toute sa longueur. Le rhinocéros, sans être ni féroce, ni carnassier, ni même extrêmement farouche, est cependant intraitable. Il est brusque et brut, sans intelligence, sans sentiment, sans docilité.

Sous le nom commun de serpent on comprend : la couleuvre, la vipère, l'aspic, etc., etc. Cet animal remarquable paraît privé de tout moyen de se mouvoir, et uniquement destiné à vivre sur la place où le hasard le fait naître. Peu d'animaux cependant ont les mouvements aussi prompts, et se transportent avec autant de vitesse que le serpent. Il égale presque par sa rapidité, une flèche tirée par un bras vigoureux.

Le tapir est un animal d'A-
mérique. Il est de la grandeur

d'une petite vache, mais sans cornes et sans queue, ayant les jambes courtes, le corps arqué, la tête grosse et longue avec une espèce de trompe. Il paraît que le tapir est un animal triste et ténébreux, qui ne sort que de nuit, qui ne se plaît que dans les eaux où il habite plus souvent que sur terre.

L'unau a reçu l'épithète de paresseux, à cause de la lenteur de ses mouvements, et de la difficulté qu'il a à marcher. L'unau n'a point de queue, et n'a que deux ongles aux pieds de devant, il a le museau long. Privé d'armes pour attaquer et se défendre, il n'a nul moyen de sécurité, nulle ressource de salut; grimpant avec peine, se traînant avec douleur, tout annonce sa misère.

Le vampire est un quadru-
pède volant qui suce le sang

des hommes et des animaux qui dorment, sans leur causer assez de douleur pour les réveiller. Le vampire a l'aspect hideux comme les plus laides chauve-souris ; la tête informe et surmontée de grandes oreilles fort ouvertes et fort droites ; il a le nez contrefait, les narines en entonnoir, et une face difforme. C'est un animal très-malfaisant.

Le wisen est une espèce de bœuf ou bison appelé commu-

4.

nément aurochs. Cet animal est docile avec son maître; mais la vue d'un étranger et la couleur rouge le mettent en colère. D'une force extraordinaire, il brise des arbres gros comme la cuisse. L'estomac, le cerveau même du wisen sentent le musc. Cette odeur de musc est l'origine du nom donné à cet animal par des auteurs qui ont latinisé le mot allemand wisen ou bisen, lequel signifie musc.

Le xé est aussi appelé che-
vrotin. Il ne diffère des rumi-

nants ordinaires et même des cerfs, que par l'absence des cornes. Cet animal habite l'Asie et ses îles, et porte le musc dans une petite poche. Le xé se plaît au milieu des précipices, et saute avec une légèreté extraordinaire, de rocher en rocher. Il passe des fleuves à la nage. Excessivement timide, il ne peut vivre en captivité.

L'yack se distingue du bœuf et du bison par sa queue,

dont le crin long et élastique comme celui du cheval, est fin et lustré comme la plus belle soie. La race du Thibet a des cornes longues, minces, rondes et pointues. Les yacks vivent dans les étages les plus froids des montagnes. Les Tartares nomades se nourrissent de leur lait, et en font d'excellent beurre. On emploie l'yack à porter des fardeaux, à tirer des chariots, et même la charrue.

Le zébu est une race particulière de bœuf. C'est un être

diminutif du bison. Le zébu, quoique originaire des pays très-chauds, peut vivre dans nos pays tempérés. Les zébus, ainsi que nos bœufs de petite taille, ont le corps plus charnu et plus gros que les bisons et les bœufs de taille ordinaire. Au Mogol, on les fait combattre contre les lions et les tigres, quoiqu'ils ne puissent guère se servir de leurs cornes.

St-Denis. — Typographie de Prevot et Drouard.

Saint-Denis. — Typographie de Prevot et Drouard.

www.ingramcontent.com/pod-product-compliance
Lightning Source LLC
LaVergne TN
LVHW010621110826
845149LV00003B/1001

* 9 7 8 2 0 1 9 1 9 0 1 0 1 *